AF314199

ORAISON FUNÈBRE

DE

MONSEIGNEUR HASLEY

ARCHEVÊQUE DE CAMBRAI

PRONONCÉE

PAR MONSEIGNEUR GERMAIN

ÉVÊQUE DE COUTANCES ET AVRANCHES

DANS LA MÉTROPOLE DE CAMBRAI

Le Lundi 24 Septembre 1888

COUTANCES

IMPRIMERIE DE SALETTES, LIBRAIRE

1888

ORAISON FUNÈBRE

DE

MONSEIGNEUR HASLEY

ARCHEVÊQUE DE CAMBRAI

PRONONCÉE

PAR MONSEIGNEUR GERMAIN

ÉVÊQUE DE COUTANCES ET AVRANCHES

DANS LA MÉTROPOLE DE CAMBRAI

Le Lundi 24 Septembre 1888

> *Non est inventus similis illi qui conservaret legem Excelsi ; ideo jurejurando fecit illum Dominus crescere in plebem suam.*
>
> Qui fut comme lui fidèle à garder la loi du Très-Haut ! Aussi le Seigneur mit ses soins à le faire croître pour son peuple.
>
> (Office des Confesseurs Pontifes).

MESSEIGNEURS, (1)

Le samedi 24 septembre 1878, en la fête de S. Mathieu, l'antique Métropole de notre Normandie avait revêtu ses plus belles parures. Elle offrait aux regards un splendide spectacle :

(1) Mgr Fava, évêque de Grenoble,
Mgr Monnier, évêque de Lydda,
Mgr Dennel, évêque d'Arras,
Mgr Mortier, évêque de Digne.

l'armée, l'administration, la justice étaient là ; le clergé s'y pressait nombreux ; la vaste enceinte avait peine à contenir la multitude des fidèles. Un prêtre, Nous le voyons encore, au visage pâle et ascétique, à l'œil modeste et limpide, à l'attitude humble et recueillie, recevait l'onction qui fait les pontifes.

A l'autel siégeait l'illustre cardinal de Bonnechose. Nous avions le bonheur de l'assister avec un évêque (1), fils de l'Eglise de Cambrai, ravi trop tôt, hélas ! à la tendresse de ses amis et de son troupeau.

Nous chantions alors, avec des accents pleins d'allégresse, la fécondité de l'Eglise de Rouen, les légitimes espérances de l'Eglise de Beauvais. « Allez, disions-Nous, ô vénéré Pontife ; et que le Seigneur vous accompagne en votre chemin ! De loin Nous vous suivrons ; de loin Nous saluerons vos conquêtes et Nous applaudirons aux succès de votre ministère. Ces succès seront l'orgueil de tous ceux qui vous aiment et, permettez-moi d'ajouter, ils seront en particulier la joie de celui qui devient deux fois votre frère, frère par le caractère sacré dont nous sommes revêtus, frère par la filiation commune qui nous unit, puisque les mêmes mains, mains augustes et vénérables, ont fait descendre dans nos âmes la vertu d'en haut. » C'était un matin radieux, une aurore pleine de douceur et de sérénité.

Et aujourd'hui, N. T. C. F.! A la pompe du triomphe, aux tressaillements de l'espérance ont succédé le deuil des funérailles et les regrets de la séparation.

(1) Mgr Bataille, évêque d'Amiens, ancien curé de Douai.

Ces regrets, votre ville et les voûtes de votre Métropole les virent éclater le 13 août dernier. La foule par sa respectueuse émotion, l'administration, l'armée, la magistrature, les représentants du Pays, par leur concours unanime, le clergé par les larmes des cinq cents prêtres présents, les évêques par leur fraternelle douleur, tous disaient l'étendue de votre perte et les qualités du Pasteur que pourtant vous n'aviez fait qu'entrevoir.

Je viens, à cette heure, donner une voix à vos âmes et pleurer avec vous. Je viens aussi m'édifier, me consoler avec vous, en essayant de vous dire ce que fut le pieux, l'aimable et saint Prélat que vous avez perdu.

Dans cette vie, nous n'entendrons pas le torrent impétueux qui descend des montagnes avec fracas. Nous ne verrons pas se dresser devant nous ces cimes altières qui ne nourrissent pas de moissons. Nous admirerons le fleuve au cours paisible et fécond, la plaine fertile qui ne se fatigue jamais de donner le plus pur froment.

Ce que fut le père que vous pleurez, l'Eglise le résume en ces deux pensées : il garda fidèlement la loi du Très-Haut, *non est inventus similis illi qui conservaret legem Excelsi* ; aussi Dieu mit-il ses soins à le faire croître pour son peuple, *ideo jurejurando fecit illum Dominus crescere in plebem suam.* En d'autres termes, le vénéré défunt nous apparaît comme le persévérant ouvrier de sa sanctification personnelle, comme le généreux et constant ouvrier du salut de son peuple.

Telles sont les deux pensées que j'ai dessein de vous présenter dans cette oraison funèbre consacrée à Votre Illustrissime et Révérendissime Père en Dieu, Monseigneur François-Edouard HASLEY, Archevêque de Cambrai, Prélat assistant au trône pontifical, Comte Romain.

I.

« C'est un vice ordinaire aux hommes, dit Bossuet, de se donner entièrement au dehors et de négliger le dedans, de travailler à la montre et à l'apparence et de mépriser l'effectif et le solide, de songer souvent quels ils paraissent et de ne penser point quels ils doivent être. C'est pourquoi les vertus qui sont estimées, ce sont celles qui se mêlent d'affaires et qui entrent dans le commerce des hommes. Au contraire les vertus cachées et intérieures où le public n'a point de part, où tout se passe entre Dieu et l'homme, non seulement ne sont pas suivies, mais ne sont pas même entendues. Et toutefois c'est dans ce secret que consiste tout le mystère de la vertu véritable. En vain pensez-vous former un bon magistrat, si vous ne faites auparavant un homme de bien; en vain vous considérez quelle place vous pourrez remplir dans la société, si vous ne méditez auparavant quel homme vous êtes en particulier... Il faut composer un homme en lui-même avant que de méditer quel rang on lui donnera parmi les autres. »

Telle fut la conduite de notre cher défunt.

Le 11 Mai 1825, naissait à Sainte-Mère-Eglise, au diocèse

de Coutances, l'enfant dont Dieu devait faire plus tard le successeur de Fénelon. Sainte-Mère-Eglise ! Ce nom l'avait de bonne heure frappé. Le jour où, pour la première fois, il apparaissait comme évêque dans la paroisse de son baptême, où les siens l'acclamaient avec transport, au milieu du plus religieux enthousiasme, le cher Archevêque nous le disait lui-même du haut de la chaire : « Ce nom me parlait au cœur; il me prêchait que je devais me consacrer à l'Eglise et devenir plus spécialement son fils. »

Le foyer qui le vit naître était un de ces foyers du peuple croyant, tout imprégné de foi, d'honnêteté, de fidélité au devoir ; et ce fut à la piété de son père et de sa mère que, dans la suite, l'enfant, promu à la dignité épiscopale, se plaisait à faire remonter le bienfait de sa vocation.

Il avait cinq ans lorsqu'un de ses cousins, curé dans le diocèse de Rouen, vint voir sa famille. M. Lecler remarque l'intelligence du jeune Edouard et demande à se charger de son éducation : «Laissez-le partir, » répond au père qui le consultait un prêtre de vieille roche, le vénérable abbé Guéret, alors curé de Sainte-Mère-Eglise. « Qui sait les desseins de la Providence sur cet enfant? » — L'enfant de son côté disait : « J'ai grande envie de devenir savant. »

Ce n'était pas toutefois à l'abbé Lecler que devait appartenir l'honneur d'une telle formation : 1830 éclate avec ses redoutables nouveautés. Le bon curé s'effraie; il remet son disciple aux soins d'un oncle et d'une tante, chrétiens éprouvés, dignes entre tous de fixer le choix de Dieu qui leur dit : Recevez cet enfant; élevez-le pour moi. Aussi, quand le Seigneur, après une longue attente, aura béni leur union, ils l'appelleront leur fils aîné. Qu'il me soit permis de saluer en passant cette tante, femme forte et convaincue, qui, pour surveiller les leçons de son fils d'adoption, n'hésitera pas à étudier le grec; qui, par son énergique dévouement, préparera pour l'Eglise trois prêtres qui l'honoreront, son propre fils, son neveu et son petit-neveu; femme admirable dont le futur Archevêque écrira dans ses derniers jours : « Je me reconnais son débiteur insolvable. »

A douze ans environ, le jeune Hasley fut admis pour la première fois à la Sainte Table dans cette Cathédrale de Rouen où, quarante-deux ans après, au lendemain de son sacre, au milieu des splendeurs de sa première messe pontificale, on le verra fixer les yeux, avec un attendrissement marqué, sur la place qu'il occupait au jour de sa première communion.

La Providence le conduit ensuite au Petit-Séminaire du Mont-aux-Malades où il fait de brillantes études (les prix nombreux qu'il remporte chaque année sont là pour l'attester) et se distingue par sa modestie, son amour de la discipline, son angélique piété. Il n'avait que dix-sept ans quand il fut admis au Grand-Séminaire de Rouen. Sa jeunesse cléricale annonça bien vite ce qu'il devait être un jour et l'on aurait pu dire de lui ce que disait de S. Basile l'immortel Grégoire de Nazianze : « Il était prêtre avant même que d'être prêtre ». On pouvait ajouter avec Bossuet dans l'oraison funèbre du P. Bourgoing : « Il en avait les vertus avant que d'en avoir le degré. Il était prêtre par son zèle, par la gravité de ses mœurs, par l'innocence de sa vie avant que de l'être par son caractère. Toujours innocent, toujours zélé comme un saint prêtre, il avait prévenu son ordination; il n'avait pas attendu la consécration mystique; il s'était, dès son enfance, consacré lui-même par la pratique persévérante de la piété et, se tenant toujours sous la main de Dieu par la soumission à ses ordres, il se préparait excellemment à s'y abandonner tout-à-fait par l'imposition des mains de l'évêque. »

L'abbé Hasley avait terminé son séminaire avant l'âge requis pour le sacerdoce. Dieu lui faisait ce loisir en vue d'une famille chrétienne, heureuse de trouver en lui le précepteur qu'elle rêvait pour un fils tendrement aimé. Les goûts exquis du lévite, la distinction qu'il tenait de la nature se trouvèrent promptement à l'aise dans ce noble milieu d'où il sortira bientôt avec ces habitudes d'urbanité qui sont le cortège de la charité sacerdotale et lui donnent un nouveau prix.

Vint enfin le grand jour. Le 2 juin 1849, l'abbé Hasley fut ordonné prêtre par le vénéré Mgr Blanquart de Bailleul qui devait l'attacher à sa personne et le former si parfaitement à sa ressemblance. Le lendemain, dans la chapelle de l'Hôtel-Dieu où il célébrait sa première messe, l'assistance émue admirait la ferveur du jeune prêtre à l'autel et pouvait pressentir sa sainteté future.

Quel sera ce prêtre en effet ? L'honneur de sa vie, c'est d'avoir été partout et toujours un homme de Dieu.

Ici, N. T. C. F., ma tâche serait moins facile en face du tableau qu'il me faut peindre si l'artiste divin, l'Esprit-Saint, ne l'avait tracé lui-même. Ecoutez S. Paul s'adressant à Timothée : « Pour toi, dit-il, homme de Dieu, sois un ouvrier de justice, de piété, de foi, de charité, de patience et de douceur. » Souffrez, ô bien-aimé défunt, que je vous évoque du fond de

votre tombe ; car c'est bien à vous que parle l'Apôtre : *Tu*.
Oui, vous, l'humble enfant de Sainte-Mère-Eglise, levez-vous ;
reparaissez un instant tel que vous fûtes, sous les yeux de cette
famille en deuil.

Homo Dei. C'est bien vous ; vous qu'il a choisi, qu'il a
préparé, qu'il a conduit comme par la main d'ascension
en ascension; vous, le serviteur dévoué, le prêtre intègre; vous
l'évêque exemplaire ; vous qui avez travaillé avec tant d'ardeur à reproduire en vous son image.

Sectare justitiam. Regardez-le, N. T. C. F., et dites s'il n'est
pas en effet l'homme de la justice et du devoir. Le devoir !
Quel mot noble, fécond et plein dans sa simplicité ! Le devoir,
c'est-à-dire, la fidélité à la loi de Dieu, de l'Eglise et de la con-
science, fidélité supérieure à tout intérêt, à toute crainte, à
toute sollicitation, à toute menace. Comme votre Archevêque
l'a dignement accompli ! Depuis sa plus tendre enfance jusqu'à son dernier soupir au milieu de vous, comme il s'est
montré constamment l'homme du devoir : l'homme du devoir
dans sa famille, l'homme du devoir au séminaire, l'homme du
devoir dans les diverses fonctions de son sacerdoce, l'homme
du devoir quand il eut à porter le fardeau si lourd de l'épiscopat, l'homme du devoir dont il fut l'héroïque martyr ! Oui,
regardez-le de près, en public et en particulier, dans ses rap-
ports avec Dieu et avec les âmes. Vous le trouverez toujours et
sans défaillance répondant à l'appel de S. Paul : *Sectare justitiam*, toujours ouvrier de la justice et du devoir.

Ne soyez pas surpris de cette magnanimité. Votre Archevêque puisait le courage du devoir dans une tendre et profonde
piété. *Pietatem*. « C'est Dieu, dit Bossuet, qui donne les

grandes qualités naturelles et surnaturelles du cœur et de l'esprit ; mais il veut que nous sachions distinguer entre les dons qu'il abandonne à ses ennemis et ceux qu'il réserve à ses serviteurs. Ce qui distingue ses amis d'avec tous les autres, c'est la piété. Jusqu'à ce que l'on ait reçu ce don du ciel, tous les autres non seulement ne sont rien, mais encore tournent en ruine à ceux qui en sont ornés. »

Or, N. T. C. F., qu'est-ce que la piété, sinon le commerce filial, la douce intimité, l'union habituelle avec **Dieu ?** Eh bien, étudiez attentivement votre digne Archevêque.

C'est surtout à l'autel qu'éclate sa piété. Il prononce avec une sainte gravité chacun des mots de la liturgie sacrée. Il est là dans l'attitude du recueillement, du respect, de l'adoration. On sent que le serviteur est en face de son maître, l'évêque en présence de la majesté du Pontife éternel. —Vous l'avez vu du reste ; et c'est à vous de dire si, à l'autel, tout, dans sa personne auguste, ne respirait pas la piété. Parfois d'ailleurs il ouvrait son âme à ses jeunes prêtres et c'est pour Nous une joie de vous initier aux secrets de ses épanchements. « Offrez, disait-il un jour à l'un d'eux, offrez votre cœur avec la sainte Victime. A l'élévation, dites en esprit comme le Roi-Prophète : *Exaltare super cœlos, Deus*, soyez exalté, Seigneur, glorifié jusqu'au plus haut des cieux ! Et en déposant l'hostie sur la pierre sacrée, ajoutez encore : *Et in omnem terram gloria tua*, que votre gloire, ô Dieu, resplendisse par toute la terre ! » « Il n'est pas, disait-il un autre jour, une seule des paroles que l'Eglise met sur nos lèvres au saint Sacrifice, qui ne soit délicieuse, qui ne soit faite pour enflammer en nous le courage, l'amour et la ferveur. Le *Pater noster* chanté ou récité devant Celui qui l'a fait jaillir de son cœur adorable, qui l'a

prononcé le premier de ses lèvres divines, l'*Agnus Dei* récité
à l'oreille de Celui qui a pitié de tous et qui offre à tous le
salut et la paix,... comme tout cela est beau, consolant et su-
blime ! »

Ce n'est pas seulement à l'autel, c'est dans sa vie tout entière qu'éclate la piété du regretté défunt. Elle éclate dans
son oraison; elle éclate dans la récitation de son Bréviaire, elle
éclate dans tous ses exercices religieux qu'il accomplit avec
une admirable et si persévérante régularité. Elle éclate par sa
constance à se rendre chaque Dimanche aux offices publics,
dans cette cité des Papes surtout où la Métropole est si éloi-
gnée du Palais Archiépiscopal, où il faut braver le mistral si
funeste à une poitrine délicate. Elle éclate dans ses visites fré-
quentes à la Chapelle des Pénitents gris, où la Sainte Eucharistie est toujours exposée; elle éclatait la veille même du jour
où il vous a quittés, dans cette procession du Saint-Sacrement
qu'il suivait, ici même, tout défaillant et la mort déjà peinte
dans tous ses traits. Elle éclate durant le travail quotidien qu'il
supporte si vaillamment et où si souvent il ranime son courage
en collant ses lèvres amaigries sur l'image du divin crucifié.
Elle éclate dans ses lettres de Direction si nombreuses, où la
pensée emporte le style et lui donne un charme, une vivacité,
un coloris qui fait songer parfois à S. François de Sales. Elle
éclate surtout dans ses entretiens avec ses religieuses : « Ce
Père bien-aimé n'était pas de la terre, écrivait récemment l'une
d'entre elles; il était tout entier à Dieu et aux âmes; tout en lui
exhalait la sainteté. Pour moi, ses lettres me semblaient em-
preintes d'une piété céleste. Aussi j'ai la confiance que là-haut
où il voit mieux toutes choses, il va prier efficacement pour
celles qu'il a dirigées ici-bas. »

Oui, cher et vénéré défunt, vous avez été l'homme de Dieu,

l'ouvrier d'une piété dont le parfum ne s'évaporera pas de longtemps !

Cette piété reposait sur son vrai fondement, la foi. *Fidem.* Pour résister aux courants divers qui traversent la vie de l'âme, pour fixer cette étrange mobilité qui en fait le fond, il faut la foi que S. Ambroise appelle si justement la vigueur des grandes âmes. *Fides, magnarum vigor mentium.* — Cet homme, ce prêtre aux convictions paisibles et fermes, vous l'avez tous connu, N. T. C. F. La foi, c'était la vie de ce juste. Voir Dieu en tout et partout, penser, parler, agir à la lumière des enseignements divins, c'était sa règle inviolable. On lui raconte un jour qu'un bon curé qui avait reçu la visite de l'empereur en était tout hors de lui : « Je m'en étonne, reprend l'abbé Hasley; ce prêtre n'est-il pas chaque jour, au saint autel, en présence de la majesté du ciel ? » — A Rouen, la Supérieure d'un pensionnat de jeunes filles que le Prélat bénissait au lendemain de la première communion lui exprimait sa gratitude. « Quel souvenir pour ces enfants que cette bénédiction à pareil jour ! » Et l'Evêque de répondre : « Qu'est-ce que la bénédiction du serviteur, quand, la veille, on a reçu le Maître lui-même ! » — A Cambrai, c'est de *la Confiance* qu'il traite dans sa dernière lettre pastorale. Pourquoi ce sujet ? C'est que la foi lui fait sentir toutes les responsabilités de sa charge. « Il a besoin, dit-il, de se rassurer lui-même par la contemplation des intarissables bontés du Seigneur. »

Oui, c'était la foi qui faisait le fond de cette âme. Jamais harpe ne tressaillit plus constamment sous le souffle de l'esprit d'en haut et ne rendit plus harmonieusement les sons divins.

D'où lui venait cette foi, N. T. C. F. ? Il la puisait à la double source de la prière et du travail. Quel évêque en effet que celui qui, debout à cinq heures chaque matin, trouvait le moyen, même au milieu des embarras d'une visite pastorale, de faire sa méditation, de célébrer la sainte Messe, de réciter son Office, de lire son Ecriture sainte et de consacrer une demi-heure à l'étude de la Théologie !

D'où lui venait cette foi ? « Si vous saviez aimer, a écrit Lacordaire, vous pourriez croire. » C'est l'incomparable don que posséda le vénéré défunt. Il savait aimer. Il aimait Dieu, vous l'avez vu. Voyez maintenant comment il aimait le prochain.

Caritatem. Ici, N. T. C. F., se développe devant nos yeux un spectacle plein de charmes.

La charité, au cœur des hommes de Dieu, est une fontaine jaillissante qui ne se repose jamais. Comme Dieu verse son soleil et sa rosée, elle verse ses eaux sur tout ce qui l'entoure. L'âme très tendre que nous célébrons aima les siens. Rien de plus touchant que les délicatesses de ses attentions pour sa mère aveugle. Rien de plus fort que les liens qui l'attachaient à ceux qu'il laisse aujourd'hui dans les larmes.

Il aima son archevêque. La maladie a contraint Mgr Blanquart de Bailleul à se démettre de son siège. Son secrétaire intime, l'abbé Hasley, le suit dans sa retraite à Versailles, et, durant onze ans, il se fait l'œil du vieillard dont il adoucit, par la lecture, les longues insomnies. Pour ne pas troubler le sommeil, que le malade goûte seulement dans la matinée, le jeune prêtre n'hésite pas à prolonger ses jeûnes, jusqu'à midi, afin de réjouir par l'offrande du divin Sacrifice le réveil et la foi du saint évêque. Il charme ses jours par des conver-

2

sations pleines d'attrait et d'affection. Il est la sérénité, la consolation du pontife éprouvé par la souffrance, la flamme qui réchauffe son hiver. Quand parfois le fils voit son père enveloppé d'un nuage de tristesse, que n'invente pas sa tendresse pour dissiper ce nuage ? Il puise aux sources sacrées; il cherche dans les Ecritures le baume qui endort le chagrin ; il demande aux Pères de l'Eglise et aux Docteurs leurs merveilleux secrets, les commente avec sa piété si vive, en compose ses *Méditations de la douleur*, pages pleines de force et de miel qu'il présente jour par jour au malade fatigué. Et le vieillard attendri d'un tel dévouement : « Cher abbé, lui dit-il, la rosée manque bien à votre jeunesse sacerdotale ; mais le bon Dieu, j'en ai la confiance, vous enverra la pluie du soir. »

L'abbé Hasley aima ses confrères parmi lesquels il a compté de si profondes et si précieuses sympathies. Curé, il aime ses paroissiens d'un amour qui lui gagne tous les cœurs. Quelle scène touchante à son départ de Rouen ! Au sortir de l'église, la foule immense l'entoure, l'acclame de ses vivats unanimes et de ses unanimes regrets. Touché jusqu'aux larmes, le Pontife répond avec son cœur à cette explosion d'universel attachement ; et la ville entière applaudit à cet enthousiasme.

L'abbé Hasley aima les humbles et les petits. Ecoutez ce trait. Au lendemain de son sacre, après avoir officié pontificalement à la Métropole, il sortait de l'archevêché dans la voiture du Cardinal, quand il aperçoit à la porte une pauvre infirme de sa paroisse. Il s'arrête : « Comment, dit-il, avez-vous pu venir jusqu'ici? » « Monseigneur, répond-elle, j'avais tant envie de vous voir avec la mitre ! De grâce, bénissez-moi ! » L'Evêque descend, il la bénit. « Mais j'y pense, ma bonne mère, comment allez-vous faire pour rentrer chez vous ? Tenez, montez avec moi. » Malgré sa confusion, elle monte ; et, à l'admiration de tous, Mgr Hasley la reconduit à sa pauvre maison. Ainsi Fénelon consolait, aux environs de votre cité, cette femme éplorée qui avait tout perdu, en lui ramenant son trésor.

Combien larges furent les aumônes versées par la main discrète du charitable Pontife pour sauver tant de misères physiques et morales! Combien d'œuvres soutenues par ses libéralités !

Il aima les âmes. Religieuses du Refuge de Versailles, de l'Orphelinat des Saints Anges, du Carmel, Sœurs de la Providence de Rouen, vous qui avez senti de plus près les ardeurs de son zèle, vous seules pourriez dire les merveilles de dévouement dont vous fûtes l'objet !

Evêque, il aima ses diocésains. Il aima ses prêtres et les traita comme ses amis. Il les soutenait de ses encouragements, les consolait dans leurs épreuves, les gouvernait enfin avec autant de douceur que de fermeté. Combien, dans ses trois diocèses, auraient pu lui dire comme S. Bernard au Seigneur : *Oleum infudisti vulneribus meis, Domine !* — O doux et saint Pontife, vous avez pleinement réalisé la devise que votre cœur avait choisie : *Nos ergo diligamus.*

Cette charité, N. T. C. F., avait pour compagne une patience inaltérable.

Patientiam. La patience, selon la parole sacrée, c'est la possession de soi-même. Qui n'en sent l'importance à chaque pas de la vie ? Quelle que soit notre mission, quelque but que nous voulions atteindre, nous n'y pouvons marcher qu'au milieu de contradictions sans cesse renaissantes. Nous les trouvons en nous-mêmes ; nous les trouvons en dehors de nous. Leur effet propre est de diviser nos forces, de nous déconcerter, de nous ravir nos ressources les plus précieuses. Opposer à ces redoutables ennemis la résistance nécessaire est une tâche difficile, souvent douloureuse. Cette résistance consiste dans la patience ; et ce fut la vertu de votre Archevêque. Au milieu même des contrariétés les plus imprévues, il ne s'agitait pas ; il n'éclatait pas ; il conservait le calme d'une volonté maîtresse d'elle-même. Grâce à sa patience, il observait la modération, la politesse, les ménagements, tous ces égards en un mot qui sont comme le parfum de la charité.

Mansuetudinem. La patience engendre la douceur ; et à ce trait vous reconnaissez encore celui que la mort vous a ravi.

Quelle vertu, N. T. C. F., que la douceur ! C'est la vertu de Dieu dont l'esprit, ainsi que traduit S. François de Sales, n'est ni dans le tourbillon, ni dans l'orage, ni dans la tempête, ni dans la voix des grandes eaux, mais dans un petit vent gracieux et dans un aimable zéphyr. C'était l'esprit de Mgr Hasley. Chez lui, point de tourbillon, point d'orage ni de tempête ; mais le petit vent gracieux et l'aimable zéphyr qui n'éteint pas la mèche encore fumante et n'achève pas le roseau à demi brisé. La douceur, elle était dans son sourire, dans son regard, dans sa parole, dans son attitude et surtout dans son cœur. On l'appelait avec raison le doux et bienveillant prélat.

Toutefois la douceur en lui n'était pas la faiblesse. La mansuétude ne fut jamais le partage des âmes pusillanimes. C'était un harmonieux mélange de tendresse et de force. S. Grégoire ne semble-t-il pas avoir vu notre défunt à l'œuvre quand il écrit : « Vous avez uni la verge et le bâton pour me consoler ? Si la verge frappe, le bâton soutient. A côté des rigueurs nécessaires de la verge, faites sentir les bienfaits du pardon. Gardez-vous donc d'un amour qui énerverait. Gardez-vous d'une sévérité qui exaspèrerait. Défendez Dieu, mais mesurez vos coups ; compatissez, mais mesurez votre indulgence (1) ».

Telle fut l'âme de votre Archevêque. Vous savez si chez lui le tabernacle était digne du trésor qu'il contenait. Vous l'avez vu en particulier, vous l'avez vu en public. Vous l'avez vu dans les cérémonies saintes ; vous avez admiré sa distinction extérieure, la gravité de sa démarche, la dignité de sa tenue. Et tous ont pu dire avec Pierre de Blois qu'il édifiait par la suave austérité de son visage, par l'aisance et la noblesse de son maintien, par la douce et auguste majesté de l'évêque. *Ædifices subditos in vultu, adspectu, habitu et incessu.* — Vous l'avez vu remplissant avec une religieuse ponctualité les prescriptions de la sainte liturgie. S'il avait un tel respect pour les rites sacrés, s'il en étudiait et pratiquait avec amour les moindres détails, c'est qu'il y voyait, avec Sixte-Quint, la grande école du peuple chrétien, *magnam populi christiani eruditionem.* C'est qu'il y voyait le témoignage public de la vraie foi, *veræ fidei protestationem.*

En effet, le souci de sa propre perfection ne lui permit ja-

---

(1) *Virga tua et baculus tuus ipsa me consolata sunt ; virga enim percutimur, baculo sustentamur. Si ergo est districtio virgæ quæ feriat, sit et consolatio baculi quæ sustentet. Sit itaque amor, sed non emolliens. Sit rigor sed non exasperans. Sit zelus, sed non immoderate sæviens. Sit pietas, sed non plusquam expediat parcens.* PAST., p 2, c. 6.

mais d'oublier la perfection de son troupeau. *Non est inventus similis illi qui conservaret legem Excelsi.* S'il fut un remarquable ouvrier de sa sanctification personnelle, il fut un ouvrier non moins admirable du salut de son peuple. *Ideo jurejurando fecit illum Dominus crescere in plebem suam.*

II.

Le Sauveur unique, l'unique médiateur entre Dieu et les hommes, c'est Notre-Seigneur Jésus-Christ. Et par quels moyens le Verbe incarné a-t-il procuré notre salut? Par la parole ou l'enseignement d'abord, puis par les œuvres et enfin par le sacrifice. Fidèle imitateur du Maître divin, notre cher Archevêque a suivi la même voie pour sauver son troupeau.

L'enseignement en premier lieu. Dans sa vie de prêtre et de pontife, il n'a cessé de le distribuer, de le protéger partout et pour tous : pour l'enfance, pour la jeunesse, pour tous les âges et toutes les situations.

A Versailles, à Rouen, dans les Communautés diverses qu'il eut à gouverner, il imprime à l'instruction chrétienne une intelligente et vigoureuse impulsion. C'était alors l'instruction des jeunes filles qui fixait ses plus vives préoccupations. Il sentait que ces jeunes filles devaient être un jour, au foyer domestique, les gardiennes de la foi; qu'à une heure donnée, elles auraient la mission de ramener à cette foi l'époux, le père un instant égarés; que sur elles en un mot reposait en particulier l'avenir religieux de la famille et du pays.

A Beauvais, son zèle s'affirme de nouveau. Il a vu croître le péril. Pour le combattre, il ouvre dans son palais même des conférences dogmatiques qui obtiennent un légitime succès.

Mais ce n'est plus seulement au sortir des pensionnats qu'il s'agit d'affermir nos croyances saintes. Le catéchisme est interdit à l'école primaire publique. Dans un avenir prochain, les portes de cette école seront fermées à ces religieux, à ces religieuses qui, par un dévouement aussi fécond que modeste, ont si bien mérité de la patrie. La foi du pasteur s'émeut. — Le bien suprême de l'enfant, c'est Dieu : lui ravir ce bien, c'est l'atteindre dans sa dignité, dans son bonheur présent et futur. Comment lui conserver ce trésor ? L'école libre, voilà le moyen. L'école libre en effet, c'est l'histoire sainte, c'est l'évangile, c'est le catéchisme, c'est l'Eglise, c'est Jésus-Christ, c'est Dieu maintenu dans l'esprit et dans le cœur de l'enfant ; c'est le salut.

Mgr Hasley n'hésite pas. Archevêque d'Avignon, après avoir donné les avis les plus précis à ses prêtres dans deux lettres pastorales sur l'éducation des enfants, il fonde l'œuvre des écoles libres.

Et à Cambrai ? « L'éducation chrétienne des enfants, dit-il, est en première ligne parmi les divers objets de notre sollicitude pastorale. Si l'Eglise ne nous faisait pas une loi de veiller sur ce point important, nous y serions invité par tous les parents fidèles et par tous les hommes éclairés qui frémissent à la seule pensée de ce que deviendrait le monde, si toute une génération d'enfants était élevée sans la notion de Dieu et en dehors de tout enseignement religieux. » Il rappelle ensuite les glorieux sacrifices accomplis par votre diocèse et célébrés dans le monde entier. Il insiste, il presse pour que l'effort soit général. Il fait appel à tous pour élever et entretenir, s'il se peut, des écoles chrétiennes dans toutes les communes d'où seront retirés les instituteurs chrétiens. Il indique les moyens pratiques. Puis, se tournant vers ses prêtres : « Nous n'invoquerons pas en vain votre zèle, ô vous, nos bien-aimés Coopérateurs. Ce zèle vous donnera des accents émus pour toucher le cœur de vos paroissiens. Vous montrerez à votre peuple le sang de Notre-Seigneur coulant sur la croix pour la rédemption du monde, et vous lui demanderez l'obole qui permettra à l'enfant du pauvre et de l'ouvrier de recevoir l'application de ce sang divin et une part aux mérites infinis du Sauveur... Les chers Frères et les bonnes Sœurs sont toujours populaires. Or ce qui est populaire en France ne peut être éloigné pour toujours : on ne peut s'en passer bien longtemps. »

Ce n'est pas assez pour son zèle, N. T. C. F. Il faut rendre la vérité plus accessible aux plus jeunes intelligences. Il publie pour Avignon, puis pour Cambrai, un petit catéchisme qui « renfermant tout ce qu'il importe le plus de savoir en fait de religion soit cependant assez court pour ne pas trop charger ni la sollicitude des parents, ni la mémoire des enfants. »

Béni soyez-vous, Pontife qui vous inclinez avec une si vigilante bonté vers les agneaux de votre immense troupeau ! Pour chacun de ces petits que vous avez arrachés à la mort, le Dieu qui les aime fera briller votre front d'une gloire éternelle.

Si la religion de l'enfance est menacée parmi nous, la religion du jeune homme ne court-elle pas des périls non moins redoutables? Au sortir de l'instruction secondaire, en effet, deux écoles s'ouvrent à lui : l'une où la science lui sera distribuée sous le contrôle et avec les garanties de la foi, où les maîtres travailleront de concert à développer dans son âme les vertus qui glorifient Dieu, réjouissent la famille et servent le pays ; l'autre où, comme on l'a si justement observé, la science lui arrivera trop souvent mêlée d'incrédulité et de blasphème, où le vice tuera son corps en même temps que l'irréligion tuera son âme et d'où il sortira peut-être avec les talents qui rendent illustre, mais sans les qualités qui rendent bon, avec le savoir qui ouvre les carrières brillantes, mais avec l'irréligion et les vices qui ferment le ciel. C'est la vie et c'est la mort : il faut choisir.

Votre honneur, ô province de Cambrai, c'est de n'avoir pas reculé devant une entreprise qui semblait impossible ; c'est de l'avoir poursuivie en dépit de tous les obstacles ; c'est de lui avoir assuré une vie pleine de jeunesse et d'élan ; c'est d'en avoir fait en quelque sorte un astre nouveau dans le ciel de l'Eglise.

Aussi quel est le premier salut de votre Archevêque? « Veuillez le croire, dit-il, le nouvel Archevêque de Cambrai comprend ses devoirs envers vous qui portez ensemble le flambeau de la science uni à celui de la foi ; et ses dispositions ne le céderont en rien à celles de ses illustres Prédécesseurs. »

Plus tard, à la rentrée de 1885, écoutez-le encore : « Nous aimons, dit-il, à saisir cette solennelle occasion de témoigner notre intérêt pour la grande œuvre de nos facultés catholiques, notre constante reconnaissance pour ses bienfaiteurs, notre tendre affection pour les élèves qui en suivent les cours. »

Puis il glorifie la pensée religieuse et patriotique qui inspira cette Institution, les saintes témérités qui la firent naître et qui la soutiennent chaque jour. Il bénit ses protecteurs et les conjure de ne pas s'arrêter dans leurs libéralités magnifiques ; il salue dans ses élèves bien-aimés les futurs défenseurs de la vérité, les appuis généreux de la sainte Eglise, les vaillants soldats de l'armée du bien.

Aussi ne suis-je pas surpris, N. T. C. F., de l'hommage reconnaissant que les facultés catholiques déposaient hier sur la tombe de Mgr Hasley. Je ne suis pas surpris que « jusque dans la dernière semaine de son existence, le digne Archevêque, exténué déjà par son mal, porte sa sollicitude sur ce grand Institut, s'en déclare le protecteur et l'ami, s'apprête à lui donner des témoignages plus effectifs encore et fasse des vœux ardents pour sa prospérité. »

Dieu daigne entendre ces vœux suprêmes ! Et que, du haut du ciel, le pieux Pontife, continuant son dévouement, obtienne pour cette œuvre les grâces de fécondité, de perpétuité que lui souhaitent toutes les âmes vraiment catholiques et françaises !

Le cœur du regretté Prélat n'embrassait pas seulement l'enfance et la jeunesse, il embrassait son troupeau tout entier. Mgr Hasley instruisait et par ses Lettres pastorales et par ses prédications. On a pu dire avec raison de ses Mandements qu'ils se faisaient remarquer à la fois par la solidité du fond, par la facilité, par l'élégante sobriété de la forme, et qu'ils étaient frappés au coin du bon goût, de la douceur et de la dignité.

Quant à sa parole, toujours claire et précise, toujours mesurée, toujours discrète, toujours dictée par l'amour des âmes, avec quel zèle, hélas ! au-dessus de ses forces, il la dispensait ! Avec quel religieux intérêt on écoutait ces accents convaincus, persuasifs, pénétrants comme l'Evangile ! Aussi quelle impression de salut ils produisaient partout, et dans les cités populeuses et dans les obscurs villages qui, pendant des années trop courtes, ont eu le bonheur de les recueillir !

Le clergé ne pouvait échapper à l'action incessante de l'infatigable Docteur. C'est ainsi, pour ne citer qu'un trait en passant, qu'il imprime aux Conférences ecclésiastiques d'Avignon un essor vivifiant et leur fait produire les fruits les plus heureux.

Oui, votre Archevêque a été pour son troupeau l'ouvrier du salut par la protection qu'il ne cessa d'accorder à l'enseignement et par les leçons de vérité qu'il répandit lui-même.

Mais le divin Sauveur l'a dit : Pour être grand dans le royaume des cieux, ce n'est pas assez d'enseigner ; il faut agir.

Les œuvres ! Qui, plus que le vénéré Défunt, les aima, les encouragea, les propagea partout sur son passage ?

Le fondement de toutes les œuvres, c'est Jésus-Christ. Quiconque ne bâtit pas sur ce fondement divin bâtit sur le sable et pour la ruine. Mgr Hasley le savait bien. Aussi comme son cœur s'ouvre et se dilate quand il s'agit de travailler pour Notre-Seigneur Jésus-Christ !

C'était au mois de septembre 1882. La cité des Papes avait l'honneur de recevoir le Congrès Eucharistique, cette œuvre qui, comme le dit son règlement, a pour but de faire de plus en plus connaître, aimer et servir Notre-Seigneur Jésus-Christ au très Saint Sacrement de l'Autel par de solennelles réunions internationales et périodiques, et de travailler de la sorte à étendre son règne social dans le monde. « Oh ! s'écrie le digne Archevêque en saluant les membres de ce Congrès, oh ! que vous êtes bien inspirés de prendre la sainte Eucharistie comme objet principal de votre ardente dévotion et de votre zèle brûlant ! La sainte Hostie est pour le monde entier comme pour chacun de nous en particulier une semence féconde de vie surnaturelle et divine ; elle est un soleil dont les rayons vivifient les âmes et y produisent les fruits de vertu les plus abondants et les plus exquis. »

L'œil illuminé du pieux Pontife a vu tout à la fois et les maux qui nous travaillent et les remèdes propres à nous guérir.

Nous sommes à une heure d'épreuves et de tempêtes pour l'Eglise : « Conjurons, dit-il, l'adorable victime de convertir ceux qui prennent à tâche de renverser les temples, de profaner les autels, de rendre vides nos tabernacles, de condamner au silence toutes les voix qui voudraient remplir l'univers des louanges de notre Créateur et Sauveur. »

L'Eglise de France en particulier a ses angoisses. « Demandons, dit-il, à Jésus de nous inspirer les moyens les plus efficaces pour rendre à la société la lumière et la grâce, pour sauver notre chère Eglise de France des maux que lui font et que lui veulent faire ses ennemis. »

Nous vivons à une époque de lutte, d'une lutte ardente et prolongée entre le bien et le mal. « La sainte Eucharistie, dit-il, nous est donnée comme le pain des forts. Nous trouvons dans son culte, dans sa réception quotidienne ou du moins fréquente, une défense assurée contre les attaques de nos adversaires, un gage de persévérance dans la maison de Dieu ici-bas, qui est l'Eglise, un titre d'admission dans la maison éternelle de Dieu, qui est le ciel. »

Puis, pour assurer les fruits de ce Congrès, l'Archevêque d'Avignon établit une commission diocésaine des œuvres eucharistiques; et on le verra lui-même, le dernier jour de chaque mois, présider dans la chapelle des Pénitents gris l'inestimable exercice de l'Adoration nocturne.

Plus tard, à Lille, dans l'église de Notre-Dame-de-la-Treille, on entendra l'Archevêque de Cambrai dire à l'Assemblée générale de cette même Association : « Les ténèbres de la nuit vous symbolisent les ténèbres morales qui enveloppent le monde et deviennent chaque jour plus épaisses, particulièrement pour le pauvre peuple circonvenu par tant de mensonges et de fausses doctrines. Ce rapprochement donne aux prières que vous faites pour vos frères, pour la France, pour l'Eglise lumière du monde, une plus grande ardeur et une efficacité plus certaine. »

O Jésus, ô Dieu de l'Eucharistie, comme vous avez été servi, glorifié, aimé par notre Pontife ! Donnez de grâce, donnez à l'ouvrier, qui a tant fait pour répandre votre vie et la répandre avec plus d'abondance, la récompense promise 'au dévouement et à l'amour!

S'il a tant travaillé pour son peuple en faisant aimer le Fils, comme il a travaillé pour faire aimer la mère !

La mère est la patronne de l'Eglise métropolitaine d'Avignon; elle se nomme Notre-Dame-des-Doms. A l'arrivée de Mgr Hasley, la glorieuse Eglise, qui n'est pas paroisse, ne voyait plus les foules d'autrefois. Le pieux Archevêque s'y montre assidu aux Offices ; il y assure l'ordre et la dignité des cérémonies. Il y établit la prédication de l'Avent ; il y prêche lui-même chaque dimanche pendant le Carême ; et les fidèles se pressent de nouveau dans la Basilique ; on y accourt de toutes parts. Grâce au zèle du Pontife, Notre - Dame - des - Doms voit revivre ses beaux jours. — Avignon n'a-t-il pas admiré de même sa tendre dévotion envers Notre - Dame - des - Lumières ?

Lille possède un sanctuaire célèbre, le sanctuaire de Notre-Dame-de-la-Treille, protectrice de la Flandre et patronne de la grande cité. Depuis des siècles, que de pèlerinages ! Que de supplications publiques et privées aux pieds de la Vierge vénérée ! Quelles magnificences dans les fêtes du Centenaire en 1854 et du Couronnement en 1874 ! — Quelque chose manquait pourtant à la gloire de Notre-Dame et à l'amour de ses fidèles. La piété de Mgr Hasley l'a deviné promptement. Il sollicite en cour de Rome l'institution canonique d'une fête et l'approbation d'un Office propre en l'honneur de la Vierge si chère. La supplique reçoit un favorable accueil. Et lui de s'écrier : « Nous sommes heureux d'attacher notre nom à cet acte d'où résulteront pour Notre-Dame-de-la-Treille de nouveaux hommages... Nous lui demanderons de parcourir encore, au milieu des ovations des foules, vos places publiques et vos rues pour y proclamer de nouveau le règne paisible et heureux de la vérité, de la sainteté, sous le sceptre béni et vénéré de Jésus et de Marie. »

Marie ! Quand il s'agit de cette mère divine, il semble que votre Archevêque, si frêle et si chétif pourtant, retrouve la vigueur et pour ainsi dire des ailes. Est-ce que, pendant ces trois années, vous ne l'avez pas vu partout aux pieds de vos Madones célèbres, à Notre-Dame-des-Dunes, à Notre-Dame-du-Saint-Cordon, à Notre-Dame-de-Grâce, comme Rouen le voyait naguère à Notre-Dame-de-Bon-Secours?

Que dis-je ? Pour aller à sa mère, le fils ne connaît pas la distance. Chaque année, sous sa puissante impulsion, à Avignon, à Cambrai, la multitude chrétienne s'ébranle, traverse des espaces immenses, et dans un ordre, dans une ferveur, dans un enthousiasme dont nous avons été Nous-même l'heureux témoin, va tomber là-bas aux pieds de la Vierge pyrénéenne, aux pieds de Notre-Dame-de-Lourdes.

Scènes profondément émouvantes que celles-là, N. T. C. F. ! Le pieux Archevêque, l'âme de ces pèlerinages, était partout, à la grotte, à la basilique, aux processions solennelles. Il y priait avec un exemplaire recueillement. Il y parlait avec son cœur, avec sa filiale dévotion à Marie ; il y parlait à tous les exercices. Il y versait, il y faisait verser des larmes de douceur et d'attendrissement. On eût dit que, par Marie, il voulait faire violence au ciel pour attirer sur le Pape, sur l'Eglise, sur notre chère France, sur ses bien-aimés diocésains les grâces dont tous et chacun avaient besoin.

Honneur à vous, pèlerin infatigable ! Vous n'avez pas travaillé seulement au salut de votre troupeau par cette grande œuvre des pèlerinages ; vous avez fait retentir d'un bout de la France à l'autre un cri de foi propre à secouer l'indifférence et à convertir l'incrédulité ; un cri d'espérance propre à ranimer l'incertitude et à relever le désespoir ; un cri d'amour propre à réchauffer la froideur et à rallumer la flamme qui brûlait si vive et si ardente en votre âme apostolique.

O Marie, souvenez-vous de votre serviteur fidèle !

Ces magnanimes efforts pour la gloire de Jésus et de Marie n'éteignaient pas, en Mgr Hasley, le dévouement aux besoins temporels de son peuple. Partout il en poursuit la satisfaction avec un zèle au-dessus de tout éloge. Quelle est l'œuvre qu'il n'ait abritée de son haut patronage : œuvres des pauvres, des ouvriers, des malades et des infirmes ? Quel est l'asile, quel est l'hôpital qu'il n'ait visité, consolé, secouru ? Les pauvres, les ouvriers, comme il aspirait à les soulager ! Ecoutez cette voix trop tôt glacée par la mort ; écoutez ces accents qui retentirent dans l'assemblée générale des catholiques du Nord et du Pas-de-Calais en 1887 : « Si vous voulez, Messieurs, traiter des sujets qui nous soient particulièrement agréables, parlez-nous surtout des petits, des ouvriers et des pauvres. Elargissez vos vues et ne craignez pas d'aborder, au moins pour les étudier, les plus hautes questions sociales. Il faut que les catholiques exercent leur action sur les masses. Travaillez à mettre en lumière l'harmonie qui existe entre la pratique de la religion et le bonheur du peuple. Trouvez le secret d'offrir de vrais avantages temporels aux pauvres gens des villes et des campagnes en organisant, par exemple, de nombreuses sociétés de secours mutuels. »

Mais c'étaient surtout les avantages spirituels qu'il poursuivait avec une ardeur qui devait, hélas ! le conduire trop tôt à la mort.

Quelles visites pastorales en effet que celles de Mgr Hasley ! C'est là qu'il apparaissait vraiment père et pasteur des âmes. C'est là qu'apôtre infatigable il voulait tout voir, tout entendre, se multiplier pour se donner à tous.

A Beauvais, dans le cours d'un épiscopat de dix-sept mois à peine, il visite, il évangélise et confirme dans la vie chrétienne une grande partie de ses enfants.

Durant les cinq années qu'il occupe le siège d'Avignon, il parcourt à plusieurs reprises tous les sentiers de son diocèse.. Pas une paroisse, si humble, si reculée qu'elle soit, qu'il n'honore de sa présence.

A Cambrai, vous savez comment il se dépensait, et l'on peut justement lui appliquer l'hommage qu'il rendait au vénéré Mgr Gignoux : « Qui pourrait dire tout ce qu'il a répandu de bénédictions, de consolations, d'aumônes, d'encouragements, de bons conseils, de lumières et de grâces? » Il a pour tous un regard, un sourire, une parole paternelle. Mais c'est surtout aux petits enfants qu'il prodigue sa tendresse. Les petits enfants, comme il les chérissait ! « Ils sont à ses yeux des anges dont l'innocence et la pureté consolent de tant de péchés et de crimes qui épouvantent et désolent son âme. » Ces anges, il les aborde avec joie ; il les caresse, il les bénit avec effusion. Et à ce spectacle, la foule est ravie, les pères se sentent émus, les mères versent des larmes : tous les cœurs sont gagnés.

Oui, c'est dans ces confirmations que, marchant sur les traces du grand Apôtre, le bon Archevêque se donne et se sacrifie tout entier. On veut enchaîner son zèle : à la fin des retraites pastorales, les prêtres les plus autorisés le conjurent de se conserver pour son Église, de réduire ses fatigues, dût son vaillant Auxiliaire en sentir davantage le fardeau : « Mon Auxiliaire, écrit-il dans l'intimité, possède ma confiance et mon affection (il le prouvera jusque dans la mort); mais j'ai le devoir de connaître par moi-même le visage de mon troupeau, *vultum pecoris agnosce ;* et j'ai hâte de l'accomplir. »

A quel prix, N. T. C. F., a-t-il accompli ce devoir ? Comme le Sauveur, au prix de la souffrance et de la croix.

Que de souffrances, en effet, pour ce cœur de Pontife si dévoué à l'Église, au Pape, à son pays, aux âmes qui lui sont confiées !

Homme de douleurs, il le fut. — Peuple de Cambrai, vous rappelez-vous son Instruction pastorale du Carême 1886 ? Il y traitait de l'Église ; il vous disait, avec quels accents ! la noblesse, la bonté, la sainteté, toutes les prérogatives de cette divine Mère. Si contenue que fût son affliction, elle se trahissait en douloureux gémissements : « En face de l'Église, hélas ! nous voyons des sociétés ennemies combattant sa doctrine, falsifiant son histoire, cherchant à lui ravir ses enfants par des pratiques ténébreuses ou par intimidation, empruntant toutes les voix de la publicité pour la décrier, elle et ses mi-

nistres, sollicitant même, au nom de la liberté, de tirer contre
elle le glaive de la persécution. »

Pour quiconque a connu le saint Archevêque, quel martyre !
Martyre qui s'accroît de toutes les énergies de son amour pour
l'Eglise et de la foi qu'il lui a jurée. Tous les coups portés à
cette Mère ou à son Chef sont autant de lances qui lui déchi-
rent et transpercent le cœur. Son âme est triste, triste jusqu'à
la mort; et c'est à vous qu'il demande de le fortifier dans son
amère tristesse : « Est-ce que vous ne lui donnerez pas, à cette
Mère, de plus éclatants témoignages de votre respect, pour
protester contre les outrages dont elle est abreuvée? Est-ce
que vous ne l'aimerez pas avec plus de tendresse pour la consoler de l'apostasie de ses enfants ingrats ? Est-ce que vous ne
lui jurerez pas fidélité jusqu'au dernier soupir ? »

Toucher à l'Eglise, c'était le blesser à la prunelle de l'œil.
On le vit bien au jour où les Récollets d'Avignon furent expulsés
de leur paisible monastère. Le saint Archevêque, aux applau-
dissements de la cité, leur ouvre sur le champ son palais.

Quant au Souverain Pontife, comme il l'admire ! Comme il
lui est soumis ! Comme il prend part au calice de ses douleurs !
Comme il plaide éloquemment sa cause auprès des puissants
du monde, auprès des ouvriers et des laboureurs, auprès des
égarés si nombreux aujourd'hui ! Pour qui veut connaître, sur
ce point, les sentiments de Mgr Hasley, il suffit de lire les
pages si pleines de tendresse et de vénération filiale qu'il écrivait à ses chers diocésains d'Avignon dans le mandement pour
le Carême de 1882, à son retour de Rome.

Faut-il parler ici des souffrances que lui causaient son

patriotisme et sa foi ? Son âme si tendre et si française aimait passionnément son pays. En y voyant fermenter l'irréligion et l'athéisme, sa foi s'épouvantait. Elle lui disait que là, où Dieu ne règne pas, le soleil ne peut éclairer que des ruines; que là, où Jésus-Christ ne règne pas, il n'y a plus ni vérité, ni voie, ni vie, mais ténèbres, précipices et mort; que là, où domine le matérialisme, c'est la barbarie, c'est le ciel perdu, c'est l'enfer. Et une dévorante inquiétude l'envahissait alors ; il se demandait avec d'inexprimables angoisses quel serait le lendemain pour cette patrie tant aimée.

C'étaient là, N. T. C. F., des blessures dont Dieu seul a sondé la profondeur et l'étendue. La souffrance que vous avez vue de vos yeux, et qui vous alarmait si justement, c'était sa souffrance physique. Le corps allait chaque jour s'affaiblissant, s'amaigrissant, s'épuisant. Ce n'était plus qu'une ombre.

L'âme était bien maîtresse du corps qu'elle animait; mais l'œuvre de destruction s'accomplissait visiblement. Et cependant le courageux Archevêque allait toujours, travaillait toujours, se dépensait toujours. « J'irai, disait-il; j'irai jusqu'au bout; mais j'irai. »

Le moment vient cependant où l'hémorragie se déclare. Il faut s'arrêter enfin, se décider à prendre un repos absolument nécessaire. Le malade ne se fait pas illusion. Huit jours avant le terme fatal, il écrit à l'un de ses meilleurs confidents : « Ma rechute m'inspire des réflexions sérieuses et me montre l'épée de Damoclès suspendue sur ma tête par un fil de plus en plus fragile. Je le sens : plus que par le passé, je dois me tenir prêt. Car, dans ces crises imprévues, subites, mystérieuses, il n'y a qu'à se demander : Est-ce le coup de grâce ? Le plus fâcheux est qu'on ne sait plus à quoi s'en tenir pour le travail et le repos, Il devient à peu près impossible d'apprécier ce que l'on peut entreprendre sans s'exposer au danger d'une rechute. »

Vous savez, N. T. C. F., la funeste issue. Le lundi 6 août, dans l'après-midi, le malade vénéré disait : « On me force au repos ; rien ne m'est plus pénible : un archevêque doit remplir les devoirs de sa charge. Que Dieu m'appelle à lui, si je ne dois plus travailler ici-bas ! »

Le mardi 7 au matin, un accès de toux se produit. On accourt. « M. Destombes ! murmure le mourant. Jésus ! Marie ! — Jésus ! Marie ! Joseph ! » C'était fini !

Fidèles de ce grand diocèse, rappelez vos souvenirs, et, au lieu de pleurer, consolez-vous ! Dans son Mandement d'arrivée, Mgr Hasley vous tenait ce langage : « La lance et les épines, trophées du cœur de Jésus, seront nos glorieux insignes ; elles vous rappelleront les opprobres et les plaies du Sauveur où tous doivent chercher la gloire et le salut. Ces signes sacrés nous rediront à nous-même à quelles conditions on peut être fier du titre de pasteur des âmes; et nous nous réjouirons, et nous nous glorifierons de nos souffrances et de la mort même, si nous croyons pouvoir avancer à ce prix la grande œuvre de votre sanctification. »

Voilà comment il a parlé, il a travaillé, il a souffert à l'exemple du divin Maître. Voilà comment l'ouvrier de sa propre perfection a été l'ouvrier du salut de son peuple. *Ideo jureiurando fecit illum crescere in plebem suam.*

Dans un discours que notre bien-aimé défunt prononçait devant la commission des Œuvres Eucharistiques d'Avignon, il rappelait S. Philippe de Néri mourant qui, sur le point de recevoir le viatique sacré, se précipite par un suprême effort à la rencontre de l'adorable Hostie en s'écriant : Voilà mon amour ! Oh ! donnez, donnez-moi mon amour !

« Quand on a de tels sentiments, ajoutait le pieux Archevêque, on peut, au moment de la mort, répéter ces paroles d'un fameux conquérant : *Veni, vidi, vici*. Appuyé sur mon Sauveur, je n'ai qu'à m'avancer tranquillement dans le champ de bataille de cette vie et à regarder mes ennemis en face pour les mettre en fuite et assurer mon triomphe. La gloire en est toute à Jésus ; mais le profit en est pour moi ; car le vainqueur aura pour récompense Celui-là même qui assurera son succès. Je lui donnerai, dit Jésus, de manger toujours du fruit de l'arbre de vie qui est dans le paradis de mon Dieu. »

O cher et vénérable ami, vous livriez ainsi les secrets de votre vie. Vous êtes en effet venu. *Veni*. Vous avez regardé bien en face le devoir, la vertu, la souffrance et l'immolation. *Vidi*. Vous avez regardé la lutte à soutenir et vous avez lutté vaillamment. Vous avez remporté la victoire sur tous les champs de bataille où la Providence vous a conduit : victoire de la justice, de la piété, de la foi, de la charité, de la patience et de la douceur. *Vici.*

Fidèle soldat du Christ Jésus, vous avez combattu le combat de la parole et des œuvres, le combat de la douleur endurée avec la force d'une âme vraiment épiscopale. Vous avez fait honneur à votre Chef ! Et maintenant, nous en avons la confiance, le profit est à vous. Goûtez, goûtez donc éternellement le fruit de l'arbre de vie qui est dans le paradis de votre Dieu.

Pour vous, prêtres et fidèles qui avez marché sous sa houlette, gardez religieusement tant de nobles exemples

Et vous aussi, vous êtes venus, *Veni.* Vous voilà sur le champ de bataille. Vous ne pouvez ignorer les conditions pour en sortir vainqueurs; vous connaissez les lois fondamentales de l'Evangile. *Vidi.* A vous de ne pas reculer ! A vous d'affronter tous les obstacles, toutes les menaces, tous les assauts, de quelque part qu'ils viennent ! A vous de tenir ferme en face du sacrifice et de la mort elle-même. A vous en un mot de triompher à tout prix ! *Vici.*

Du haut du ciel, votre Archevêque applaudira joyeux à vos persévérants efforts. Il reconnaîtra les fils de l'Eglise qu'il a tant aimée. Il saluera sa sainteté, sa beauté, sa gloire sans déclin. Il tressaillira surtout à l'espérance qu'un jour vous partagerez son bonheur et que Jésus vous donnera comme à lui de manger éternellement du fruit de l'arbre de vie qui est dans le paradis de son Dieu ! Ainsi soit-il !

COUTANCES. — IMP. DE SALETTES

www.ingramcontent.com/pod-product-compliance
Ingram Content Group UK Ltd.
Pitfield, Milton Keynes, MK11 3LW, UK
UKHW031738170726
13836UKWH00002B/727